Ce livre d'or appartient à

Votre nom s'il vous plait

....

sexe

☐ 👩   ☐ 👨   ☐ Plutôt pas dire

Date de la visite :....................................

Heure de la visite : ....

Durée de la visite ....
(Mins):

Au cours de votre visite,
avez-vous :

☐ Regardez votre 💩

☐ Navigation sur votre téléphone

☐ Poser le couvercle

☐ Plus de la moitié d'un rouleau de
   papier utilisé
☐ Lave tes mains

poids estimé de votre  :

☐ .... Grams   ☐ .... Pounds

Vos pensées et vos sentiments

....
....
....
....
....
....
....
....
....
....
....
....
....
....
....
....
....
....
....
....
....

<table>
<tr><td colspan="2">

 *Bienvenue dans ma salle de bain* 

</td></tr>
<tr><td>

Votre nom s'il vous plait

....

sexe

☐ 👧   ☐ 👦   ☐ *Plutôt pas dire*

</td><td>

poids estimé de votre 💩 :

Grams	Pounds

</td></tr>
<tr><td>

Date de la visite : ....

Heure de la visite : ....

Durée de la visite ....
(Mins):

</td><td>

Vos pensées et vos sentiments

</td></tr>
<tr><td>

Au cours de votre visite,
avez-vous :

☐ Regardez votre 💩

☐ *Navigation sur votre téléphone*

☐ Poser le couvercle

☐ *Plus de la moitié d'un rouleau de
papier utilisé*
☐ Lave tes mains

</td><td></td></tr>
</table>

Bienvenue dans ma salle de bain

Votre nom s'il vous plait

....

sexe

☐ 👩   ☐ 👦   ☐ Plutôt pas dire

Date de la visite : ....

Heure de la visite : ....

Durée de la visite (Mins): ....

Au cours de votre visite, avez-vous :

☐ Regardez votre 

☐ Navigation sur votre téléphone

☐ Poser le couvercle

☐ Plus de la moitié d'un rouleau de papier utilisé

☐ Lave tes mains

poids estimé de votre 💩 :

[.........] Grams   [.......] Pounds

Vos pensées et vos sentiments

....
....
....
....
....
....
....
....
....
....
....
....
....
....
....
....
....
....
....
....
....
....
....
....

 Bienvenue dans ma salle de bain 

Votre nom s'il vous plait

....

sexe

☐ 😊 ☐ 😊 ☐ *Plutôt pas dire*

Date de la visite : ....

Heure de la visite : ....

Durée de la visite ....
(Mins):

Au cours de votre visite,
avez-vous :

☐ Regardez votre 💩

☐ *Navigation sur votre téléphone*

☐ Poser le couvercle

☐ *Plus de la moitié d'un rouleau de
papier utilisé*

☐ Lave tes mains

poids estimé de votre 💩 :

| .... Grams | | .... Pounds |

Vos pensées et vos sentiments

....
....
....
....
....
....
....
....
....
....
....
....
....
....
....
....
....
....
....
....
....
....
....
....

 # Bienvenue dans ma salle de bain

Votre nom s'il vous plait

....

sexe

☐ 👩 ☐ 👦 ☐ *Plutôt pas dire*

Date de la visite :..............................

Heure de la visite : ....

Durée de la visite ....
(Mins):

Au cours de votre visite,
avez-vous :

☐ Regardez votre 💩

☐ *Navigation sur votre téléphone*

☐ Poser le couvercle

☐ *Plus de la moitié d'un rouleau de*
   papier utilisé
☐ Lave tes mains

poids estimé de votre 💩 :

☐........ Grams   ☐....... Pounds

Vos pensées et vos sentiments

....
....
....
....
....
....
....
....
....
....
....
....
....
....
....
....
....
....
....
....
....
....
....
....
....

Bienvenue dans ma salle de bain

Votre nom s'il vous plait

....

sexe

☐ 👩 ☐ 👦 ☐ Plutôt pas dire

Date de la visite :.............................

Heure de la visite : ....

Durée de la visite ....
(Mins):

Au cours de votre visite,
avez-vous :

☐ Regardez votre 💩

☐ Navigation sur votre téléphone

☐ Poser le couvercle

☐ Plus de la moitié d'un rouleau de
papier utilisé

☐ Lave tes mains

poids estimé de votre 💩 :

| .... Grams | .... Pounds |

Vos pensées et vos sentiments

....
....
....
....
....
....
....
....
....
....
....
....
....
....
....
....
....
....
....
....
....
....

Votre nom s'il vous plait

....

sexe

☐ 👧   ☐ 👦   ☐ *Plutôt pas dire*

Date de la visite : ....

Heure de la visite : ....

Durée de la visite ....
(Mins):

Au cours de votre visite,
avez-vous :

☐ *Regardez votre* 💩

☐ *Navigation sur votre téléphone*

☐ **Poser le couvercle**

☐ *Plus de la moitié d'un rouleau de*
papier utilisé

☐ **Lave tes mains**

poids estimé de votre 💩 :

[........] *Grams*   [......] *Pounds*

Vos pensées et vos sentiments

....
....
....
....
....
....
....
....
....
....
....
....
....
....
....
....
....
....
....
....
....
....
....
....
....
....

Votre nom s'il vous plait

....

sexe

☐ 👩 ☐ 👨 ☐ *Plutôt pas dire*

Date de la visite :...........................

Heure de la visite : ....

Durée de la visite ....
(Mins):

Au cours de votre visite,
avez-vous :

☐ Regardez votre 💩

☐ *Navigation sur votre téléphone*

☐ Poser le couvercle

☐ *Plus de la moitié d'un rouleau de
   papier utilisé*
☐ Lave tes mains

poids estimé de votre 💩 :

| .... | Grams | | .... | Pounds |

Vos pensées et vos sentiments

....
....
....
....
....
....
....
....
....
....
....
....
....
....
....
....
....
....
....
....
....
....
....

Votre nom s'il vous plait

....

sexe

☐ 👧 ☐ 👦 ☐ *Plutôt pas dire*

Date de la visite :..............................

Heure de la visite : ....

Durée de la visite ....
(Mins):

Au cours de votre visite,
avez-vous :

☐ *Regardez votre* 💩

☐ *Navigation sur votre téléphone*

☐ *Poser le couvercle*

☐ *Plus de la moitié d'un rouleau de*
papier utilisé

☐ *Lave tes mains*

poids estimé de votre  *:*

| .... Grams | .... Pounds |

Vos pensées et vos sentiments

....
....
....
....
....
....
....
....
....
....
....
....
....
....
....
....
....
....
....
....
....
....
....
....
....

Votre nom s'il vous plait

....

sexe

☐ 👧 ☐ 👦 ☐ *Plutôt pas dire*

Date de la visite :..........................

Heure de la visite : ....

Durée de la visite ....
(Mins):

Au cours de votre visite,
avez-vous :

☐ Regardez votre 💩

☐ *Navigation sur votre téléphone*

☐ Poser le couvercle

☐ *Plus de la moitié d'un rouleau de
papier utilisé*

☐ Lave tes mains

poids estimé de votre 💩 :

[........] Grams   [......] Pounds

Vos pensées et vos sentiments

....
....
....
....
....
....
....
....
....
....
....
....
....
....
....
....
....
....
....
....
....
....
....
....
....
....
....

 Bienvenue dans ma salle de bain 

Votre nom s'il vous plait

....

sexe

☐ 👩 ☐ 👦 ☐ Plutôt pas dire

Date de la visite : ....

Heure de la visite : ....

Durée de la visite ....
(Mins):

Au cours de votre visite,
avez-vous :

☐ Regardez votre 💩

☐ Navigation sur votre téléphone

☐ Poser le couvercle

☐ Plus de la moitié d'un rouleau de
papier utilisé

☐ **Lave tes mains**

poids estimé de votre 💩:

☐......... Grams ☐...... Pounds

Vos pensées et vos sentiments

....
....
....
....
....
....
....
....
....
....
....
....
....
....
....
....
....
....
....
....
....
....
....
....
....

 Bienvenue dans ma salle de bain 

Votre nom s'il vous plait

....

sexe

☐ 🧑 ☐ 👦 ☐ Plutôt pas dire

Date de la visite :.......................

Heure de la visite : ....

Durée de la visite ....
(Mins):

Au cours de votre visite,
avez-vous :

☐ Regardez votre 💩

☐ Navigation sur votre téléphone

☐ Poser le couvercle

☐ Plus de la moitié d'un rouleau de
papier utilisé

☐ Lave tes mains

poids estimé de votre 💩 :

[..........] Grams   [........] Pounds

Vos pensées et vos sentiments

....
....
....
....
....
....
....
....
....
....
....
....
....
....
....
....
....
....
....
....
....
....
....
....
....

 # Bienvenue dans ma salle de bain 

Votre nom s'il vous plait

....

sexe

☐ 👩 ☐ 👦 ☐ *Plutôt pas dire*

Date de la visite : ....

Heure de la visite : ....

Durée de la visite ....
(Mins):

Au cours de votre visite,
avez-vous :

☐ Regardez votre 💩

☐ *Navigation sur votre téléphone*

☐ Poser le couvercle

☐ *Plus de la moitié d'un rouleau de*
  papier utilisé
☐ **Lave tes mains**

poids estimé de votre 💩:

[.........] *Grams*   [......] *Pounds*

Vos pensées et vos sentiments

....
....
....
....
....
....
....
....
....
....
....
....
....
....
....
....
....
....
....
....
....
....
....
....

Votre nom s'il vous plait

....

sexe

☐ 🧑 ☐ 👦 ☐ *Plutôt pas dire*

Date de la visite :................................

Heure de la visite : ....

Durée de la visite ....
(Mins):

Au cours de votre visite,
avez-vous :

☐ Regardez votre 💩

☐ *Navigation sur votre téléphone*

☐ Poser le couvercle

☐ *Plus de la moitié d'un rouleau de papier utilisé*

☐ **Lave tes mains**

poids estimé de votre 💩 :

☐........ Grams   ☐....... Pounds

Vos pensées et vos sentiments

....
....
....
....
....
....
....
....
....
....
....
....
....
....
....
....
....
....
....
....
....
....
....
....
....

Votre nom s'il vous plait

....

sexe

☐ 👩 ☐ 👦 ☐ *Plutôt pas dire*

Date de la visite :.................................

Heure de la visite : ....

Durée de la visite ....
(Mins):

Au cours de votre visite,
avez-vous :

☐ Regardez votre 💩

☐ *Navigation sur votre téléphone*

☐ Poser le couvercle

☐ *Plus de la moitié d'un rouleau de
papier utilisé*
☐ Lave tes mains

poids estimé de votre 💩 :

.... Grams	...... Pounds

Vos pensées et vos sentiments

....
....
....
....
....
....
....
....
....
....
....
....
....
....
....
....
....
....
....
....
....
....
....
....
....

Votre nom s'il vous plait

....

sexe

☐ 👩 ☐ 👦 ☐ *Plutôt pas dire*

Date de la visite :....................

Heure de la visite : ....

Durée de la visite ....
(Mins):

Au cours de votre visite,
avez-vous :

☐ Regardez votre 💩

☐ *Navigation sur votre téléphone*

☐ Poser le couvercle

☐ *Plus de la moitié d'un rouleau de
papier utilisé*
☐ **Lave tes mains**

poids estimé de votre 💩 :

☐........ *Grams*   ☐....... *Pounds*

Vos pensées et vos sentiments

....
....
....
....
....
....
....
....
....
....
....
....
....
....
....
....
....
....
....
....
....
....

<table>
<tr><td colspan="2">

Bienvenue dans ma salle de bain  

</td></tr>
<tr><td>

Votre nom s'il vous plait

....

sexe

☐ 👩   ☐ 👦   ☐ *Plutôt pas dire*

</td><td>

poids estimé de votre 💩 :

| .... Grams | | .... Pounds |

</td></tr>
<tr><td>

Date de la visite :..............................

Heure de la visite : ....

Durée de la visite ....
(Mins):

</td><td rowspan="2">

Vos pensées et vos sentiments

</td></tr>
<tr><td>

Au cours de votre visite,
avez-vous :

☐ Regardez votre 💩

☐ *Navigation sur votre téléphone*

☐ Poser le couvercle

☐ *Plus de la moitié d'un rouleau de
papier utilisé*

☐ Lave tes mains

</td></tr>
</table>

Votre nom s'il vous plait

....

sexe

☐ 👩 ☐ 👦 ☐ Plutôt pas dire

Date de la visite : ....

Heure de la visite : ....

Durée de la visite ....
(Mins):

Au cours de votre visite,
avez-vous :

☐ Regardez votre 💩

☐ Navigation sur votre téléphone

☐ Poser le couvercle

☐ Plus de la moitié d'un rouleau de
   papier utilisé

☐ Lave tes mains

poids estimé de votre 💩 :

☐ .... Grams   ☐ .... Pounds

Vos pensées et vos sentiments

....
....
....
....
....
....
....
....
....
....
....
....
....
....
....
....
....
....
....
....
....
....
....
....

 # Bienvenue dans ma salle de bain 

Votre nom s'il vous plait

....

sexe

☐ 👧 ☐ 👦 ☐ Plutôt pas dire

Date de la visite : ....

Heure de la visite : ....

Durée de la visite ....
(Mins):

Au cours de votre visite,
avez-vous :

☐ Regardez votre 💩

☐ *Navigation sur votre téléphone*

☐ Poser le couvercle

☐ *Plus de la moitié d'un rouleau de
papier utilisé*

☐ **Lave tes mains**

---

poids estimé de votre 💩 :

| .... Grams | ...... Pounds |

Vos pensées et vos sentiments

....
....
....
....
....
....
....
....
....
....
....
....
....
....
....
....
....
....
....
....
....
....

 # Bienvenue dans ma salle de bain 

Votre nom s'il vous plait

....

sexe

☐ 👩 ☐ 👨 ☐ *Plutôt pas dire*

Date de la visite : ....

Heure de la visite : ....

Durée de la visite ....
(Mins):

Au cours de votre visite,
avez-vous :

☐ Regardez votre 💩

☐ *Navigation sur votre téléphone*

☐ Poser le couvercle

☐ *Plus de la moitié d'un rouleau de
papier utilisé*
☐ Lave tes mains

poids estimé de votre 💩 :

┌·········┐ *Grams*   ┌·······┐ *Pounds*
└─────────┘   └───────┘

Vos pensées et vos sentiments

....
....
....
....
....
....
....
....
....
....
....
....
....
....
....
....
....
....
....
....
....
....
....
....

 # Bienvenue dans ma salle de bain 

Votre nom s'il vous plait

....

sexe

☐ 👧   ☐ 👦   ☐ *Plutôt pas dire*

Date de la visite : ....

Heure de la visite : ....

Durée de la visite ....
(Mins):

Au cours de votre visite,
avez-vous :

☐ *Regardez votre* 💩

☐ *Navigation sur votre téléphone*

☐ *Poser le couvercle*

☐ *Plus de la moitié d'un rouleau de*
papier utilisé

☐ **Lave tes mains**

poids estimé de votre 💩 :

☐ .... *Grams*   ☐ .... *Pounds*

Vos pensées et vos sentiments

....
....
....
....
....
....
....
....
....
....
....
....
....
....
....
....
....
....
....
....
....
....
....
....

Votre nom s'il vous plait

....

sexe

☐ 👩 ☐ 👦 ☐ *Plutôt pas dire*

Date de la visite : ....

Heure de la visite : ....

Durée de la visite ....
(Mins):

Au cours de votre visite,
avez-vous :

☐ *Regardez votre* 💩

☐ *Navigation sur votre téléphone*

☐ *Poser le couvercle*

☐ *Plus de la moitié d'un rouleau de*
  papier utilisé
☐ **Lave tes mains**

poids estimé de votre 💩 :

[..........] *Grams*   [.......] *Pounds*

Vos pensées et vos sentiments

....
....
....
....
....
....
....
....
....
....
....
....
....
....
....
....
....
....
....
....
....
....

Votre nom s'il vous plait

....

sexe

□ 👩 □ 👦 □ *Plutôt pas dire*

Date de la visite : ....

Heure de la visite : ....

Durée de la visite ....
(Mins):

Au cours de votre visite,
avez-vous :

□ *Regardez votre* 💩

□ *Navigation sur votre téléphone*

□ *Poser le couvercle*

□ *Plus de la moitié d'un rouleau de*
papier utilisé

□ *Lave tes mains*

poids estimé de votre 💩 *:*

[..........] *Grams*   [..........] *Pounds*

Vos pensées et vos sentiments

....
....
....
....
....
....
....
....
....
....
....
....
....
....
....
....
....
....
....
....
....
....
....
....

Bienvenue dans ma salle de bain

Votre nom s'il vous plait

....

sexe

☐ 👩   ☐ 🧑   ☐ *Plutôt pas dire*

Date de la visite :.......................

Heure de la visite : ....

Durée de la visite ....
(Mins):

Au cours de votre visite,
avez-vous :

☐ Regardez votre 💩

☐ *Navigation sur votre téléphone*

☐ Poser le couvercle

☐ *Plus de la moitié d'un rouleau de
papier utilisé*
☐ Lave tes mains

---

poids estimé de votre 💩 :

| .... | Grams | .... | Pounds |

Vos pensées et vos sentiments

....
....
....
....
....
....
....
....
....
....
....
....
....
....
....
....
....
....
....
....
....
....
....

Votre nom s'il vous plait

....

sexe

☐ 👧   ☐ 👦   ☐ Plutôt pas dire

Date de la visite : ....

Heure de la visite : ....

Durée de la visite ....
(Mins):

Au cours de votre visite,
avez-vous :

☐ Regardez votre 💩

☐ Navigation sur votre téléphone

☐ Poser le couvercle

☐ Plus de la moitié d'un rouleau de
papier utilisé

☐ Lave tes mains

poids estimé de votre 💩 :

....	Grams	......	Pounds

Vos pensées et vos sentiments

....
....
....
....
....
....
....
....
....
....
....
....
....
....
....
....
....
....
....
....
....
....
....
....

Votre nom s'il vous plait

....

sexe

☐ 👧 ☐ 👦 ☐*Plutôt pas dire*

Date de la visite :...........................

Heure de la visite : ....

Durée de la visite ....
(Mins):

Au cours de votre visite,
avez-vous :

☐ Regardez votre 💩

☐ *Navigation sur votre téléphone*

☐ Poser le couvercle

☐ *Plus de la moitié d'un rouleau de
papier utilisé*

☐ Lave tes mains

poids estimé de votre 💩 :

| .... Grams | .... Pounds |

Vos pensées et vos sentiments

....
....
....
....
....
....
....
....
....
....
....
....
....
....
....
....
....
....
....
....
....
....
....

Votre nom s'il vous plait

....

sexe

☐ 👧 ☐ 👦 ☐ *Plutôt pas dire*

Date de la visite :...........................

Heure de la visite : ....

Durée de la visite ....
(Mins):

Au cours de votre visite,
avez-vous :

☐ *Regardez votre* 💩

☐ *Navigation sur votre téléphone*

☐ *Poser le couvercle*

☐ *Plus de la moitié d'un rouleau de*
papier utilisé

☐ *Lave tes mains*

poids estimé de votre 💩 :

| .... | *Grams* | | .... | *Pounds* |

Vos pensées et vos sentiments

....
....
....
....
....
....
....
....
....
....
....
....
....
....
....
....
....
....
....
....
....
....
....
....

 Bienvenue dans ma salle de bain 

Votre nom s'il vous plait

....

sexe

☐ 🧑   ☐ 🧑   ☐ *Plutôt pas dire*

Date de la visite :..........................

Heure de la visite : ....

Durée de la visite ....
(Mins):

Au cours de votre visite,
avez-vous :

☐ Regardez votre 💩

☐ *Navigation sur votre téléphone*

☐ Poser le couvercle

☐ *Plus de la moitié d'un rouleau de papier utilisé*

☐ Lave tes mains

poids estimé de votre 💩 :

☐ .... *Grams*   ☐ .... *Pounds*

Vos pensées et vos sentiments

....
....
....
....
....
....
....
....
....
....
....
....
....
....
....
....
....
....
....
....
....
....
....

Votre nom s'il vous plait

....

sexe

☐ 👧   ☐ 👦   ☐ *Plutôt pas dire*

Date de la visite : ....

Heure de la visite : ....

Durée de la visite ....
(Mins):

Au cours de votre visite,
avez-vous :

☐ Regardez votre 💩

☐ *Navigation sur votre téléphone*

☐ Poser le couvercle

☐ *Plus de la moitié d'un rouleau de*
papier utilisé

☐ **Lave tes mains**

poids estimé de votre 💩:

| .... | *Grams* | | .... | *Pounds* |

Vos pensées et vos sentiments

....
....
....
....
....
....
....
....
....
....
....
....
....
....
....
....
....
....
....
....
....
....
....
....
....
....
....

Votre nom s'il vous plait

....

sexe

☐ 👩 ☐ 👨 ☐ Plutôt pas dire

poids estimé de votre 💩 :

| .... | Grams | | .... | Pounds |

Date de la visite : ....

Heure de la visite : ....

Durée de la visite ....
(Mins):

Au cours de votre visite,
avez-vous :

☐ Regardez votre 💩

☐ Navigation sur votre téléphone

☐ Poser le couvercle

☐ Plus de la moitié d'un rouleau de
   papier utilisé

☐ Lave tes mains

Vos pensées et vos sentiments

....
....
....
....
....
....
....
....
....
....
....
....
....
....
....
....
....
....
....
....
....

 # Bienvenue dans ma salle de bain 

Votre nom s'il vous plait

....

sexe

☐ 👩 ☐ 👨 ☐ *Plutôt pas dire*

Date de la visite :.........................

Heure de la visite : ....

Durée de la visite ....
(Mins):

Au cours de votre visite,
avez-vous :

☐ Regardez votre 💩

☐ *Navigation sur votre téléphone*

☐ Poser le couvercle

☐ *Plus de la moitié d'un rouleau de
papier utilisé*
☐ Lave tes mains

poids estimé de votre 💩 :

☐ .... Grams   ☐ .... Pounds

Vos pensées et vos sentiments

....
....
....
....
....
....
....
....
....
....
....
....
....
....
....
....
....
....
....
....
....
....
....

Bienvenue dans ma salle de bain

Votre nom s'il vous plait

....

sexe

☐ 👩 ☐ 👦 ☐ *Plutôt pas dire*

Date de la visite : ....

Heure de la visite : ....

Durée de la visite ....
(Mins):

Au cours de votre visite,
avez-vous :

☐ Regardez votre 💩

☐ *Navigation sur votre téléphone*

☐ Poser le couvercle

☐ *Plus de la moitié d'un rouleau de papier utilisé*

☐ Lave tes mains

---

poids estimé de votre 💩 :

┌──────┐ *Grams*   ┌──────┐ *Pounds*
│......│   │......│
└──────┘   └──────┘

Vos pensées et vos sentiments

....
....
....
....
....
....
....
....
....
....
....
....
....
....
....
....
....
....
....
....
....

Votre nom s'il vous plait

....

sexe

☐ 👩 ☐ 👦 ☐ Plutôt pas dire

Date de la visite :........................

Heure de la visite : ....

Durée de la visite ....
(Mins):

Au cours de votre visite,
avez-vous :

☐ Regardez votre 💩

☐ Navigation sur votre téléphone

☐ Poser le couvercle

☐ Plus de la moitié d'un rouleau de
papier utilisé
☐ Lave tes mains

poids estimé de votre 💩 :

☐........☐ Grams   ☐........☐ Pounds

Vos pensées et vos sentiments

....
....
....
....
....
....
....
....
....
....
....
....
....
....
....
....
....
....
....
....
....

Bienvenue dans ma salle de bain

Votre nom s'il vous plait

....

sexe

☐ 😀   ☐ 🙂   ☐ Plutôt pas dire

Date de la visite : ....

Heure de la visite : ....

Durée de la visite ....
(Mins):

Au cours de votre visite,
avez-vous :

☐ Regardez votre 💩

☐ *Navigation sur votre téléphone*

☐ Poser le couvercle

☐ *Plus de la moitié d'un rouleau de papier utilisé*

☐ Lave tes mains

poids estimé de votre 💩 :

| .... | Grams | | .... | Pounds |

Vos pensées et vos sentiments

....
....
....
....
....
....
....
....
....
....
....
....
....
....
....
....
....
....
....
....
....
....
....
....

Votre nom s'il vous plait

....

sexe

☐ 👧   ☐ 👦   ☐ *Plutôt pas dire*

Date de la visite : ....

Heure de la visite : ....

Durée de la visite ....
(Mins):

Au cours de votre visite,
avez-vous :

☐ *Regardez votre* 💩

☐ *Navigation sur votre téléphone*

☐ *Poser le couvercle*

☐ *Plus de la moitié d'un rouleau de papier utilisé*

☐ *Lave tes mains*

poids estimé de votre 💩 *:*

[........] *Grams*   [......] *Pounds*

Vos pensées et vos sentiments

....
....
....
....
....
....
....
....
....
....
....
....
....
....
....
....
....
....
....
....
....
....
....
....
....
....
....

Bienvenue dans ma salle de bain

Votre nom s'il vous plait

....

sexe

☐ 👩   ☐ 👦   ☐ Plutôt pas dire

Date de la visite :.................................

Heure de la visite : ....

Durée de la visite ....
(Mins):

Au cours de votre visite,
avez-vous :

☐ Regardez votre 💩

☐ Navigation sur votre téléphone

☐ Poser le couvercle

☐ Plus de la moitié d'un rouleau de
papier utilisé

☐ Lave tes mains

poids estimé de votre 💩 :

☐......... Grams   ☐....... Pounds

Vos pensées et vos sentiments

....
....
....
....
....
....
....
....
....
....
....
....
....
....
....
....
....
....
....
....
....
....
....
....
....
....
....

Votre nom s'il vous plait

....

sexe

☐ 👧 ☐ 👦 ☐ *Plutôt pas dire*

Date de la visite : ....

Heure de la visite : ....

Durée de la visite ....
(Mins):

Au cours de votre visite,
avez-vous :

☐ *Regardez votre* 💩

☐ *Navigation sur votre téléphone*

☐ *Poser le couvercle*

☐ *Plus de la moitié d'un rouleau de*
papier utilisé

☐ *Lave tes mains*

poids estimé de votre 💩 *:*

[.........] *Grams*   [.........] *Pounds*

Vos pensées et vos sentiments

....
....
....
....
....
....
....
....
....
....
....
....
....
....
....
....
....
....
....
....

Bienvenue dans ma salle de bain

Votre nom s'il vous plait

....

sexe

☐ 👩   ☐ 👦   ☐ *Plutôt pas dire*

Date de la visite : ....

Heure de la visite : ....

Durée de la visite ....
(Mins):

Au cours de votre visite,
avez-vous :

☐ Regardez votre 💩

☐ *Navigation sur votre téléphone*

☐ Poser le couvercle

☐ *Plus de la moitié d'un rouleau de papier utilisé*

☐ Lave tes mains

poids estimé de votre 💩 :

☐ .... *Grams*   ☐ .... *Pounds*

Vos pensées et vos sentiments

....
....
....
....
....
....
....
....
....
....
....
....
....
....
....
....
....
....
....
....
....
....

 Bienvenue dans ma salle de bain 

Votre nom s'il vous plait

....

sexe

☐ 👩   ☐ 👨   ☐ Plutôt pas dire

Date de la visite : ....

Heure de la visite : ....

Durée de la visite ....
(Mins):

Au cours de votre visite,
avez-vous :

☐ Regardez votre 💩

☐ Navigation sur votre téléphone

☐ Poser le couvercle

☐ Plus de la moitié d'un rouleau de
papier utilisé

☐ Lave tes mains

poids estimé de votre 💩 :

☐ .... Grams   ☐ ...... Pounds

Vos pensées et vos sentiments

....
....
....
....
....
....
....
....
....
....
....
....
....
....
....
....
....
....
....
....
....
....
....
....
....
....
....

Votre nom s'il vous plait

....

sexe

☐ 🧑 ☐ 🧑 ☐ Plutôt pas dire

Date de la visite :...........................

Heure de la visite : ....

Durée de la visite ....
(Mins):

Au cours de votre visite,
avez-vous :

☐ Regardez votre 💩

☐ *Navigation sur votre téléphone*

☐ Poser le couvercle

☐ *Plus de la moitié d'un rouleau de papier utilisé*

☐ Lave tes mains

poids estimé de votre 💩:

[..........] Grams   [.......] Pounds

Vos pensées et vos sentiments

....
....
....
....
....
....
....
....
....
....
....
....
....
....
....
....
....
....
....
....
....
....
....
....

<table>
<tr><td colspan="2">   *Bienvenue dans ma salle de bain*   </td></tr>
</table>

Votre nom s'il vous plait

....

sexe

☐ 👩   ☐ 👦   ☐ *Plutôt pas dire*

Date de la visite :...........................

Heure de la visite : ....

Durée de la visite ....
(Mins):

Au cours de votre visite,
avez-vous :

☐ *Regardez votre* 💩

☐ *Navigation sur votre téléphone*

☐ *Poser le couvercle*

☐ *Plus de la moitié d'un rouleau de*
papier utilisé

☐ *Lave tes mains*

---

poids estimé de votre 💩 :

| .... Grams | ...... Pounds |

Vos pensées et vos sentiments

....
....
....
....
....
....
....
....
....
....
....
....
....
....
....
....
....
....
....
....
....
....
....
....

Votre nom s'il vous plait

....

sexe

☐ 🧑 ☐ 👦 ☐ Plutôt pas dire

Date de la visite :..............................

Heure de la visite : ....

Durée de la visite ....
(Mins):

Au cours de votre visite,
avez-vous :

☐ Regardez votre 💩

☐ Navigation sur votre téléphone

☐ Poser le couvercle

☐ Plus de la moitié d'un rouleau de
   papier utilisé

☐ Lave tes mains

poids estimé de votre 💩 :

[.........] Grams   [.........] Pounds

Vos pensées et vos sentiments

....
....
....
....
....
....
....
....
....
....
....
....
....
....
....
....
....
....
....
....
....
....

Votre nom s'il vous plait

....

sexe

☐ 👧 ☐ 👦 ☐ *Plutôt pas dire*

Date de la visite :.............................

Heure de la visite : ....

Durée de la visite ....
(Mins):

Au cours de votre visite,
avez-vous :

☐ Regardez votre 💩

☐ *Navigation sur votre téléphone*

☐ Poser le couvercle

☐ *Plus de la moitié d'un rouleau de papier utilisé*

☐ **Lave tes mains**

poids estimé de votre 💩 :

☐......... Grams   ☐........ Pounds

Vos pensées et vos sentiments

....
....
....
....
....
....
....
....
....
....
....
....
....
....
....
....
....
....
....
....
....
....
....
....
....

 Bienvenue dans ma salle de bain 

Votre nom s'il vous plait

....

sexe

☐ 👩 ☐ 👦 ☐ *Plutôt pas dire*

Date de la visite : ....

Heure de la visite : ....

Durée de la visite ....
(Mins):

Au cours de votre visite,
avez-vous :

☐ Regardez votre 💩

☐ *Navigation sur votre téléphone*

☐ Poser le couvercle

☐ *Plus de la moitié d'un rouleau de
papier utilisé*

☐ Lave tes mains

poids estimé de votre 💩 :

[...........] Grams   [.......] Pounds

Vos pensées et vos sentiments

....
....
....
....
....
....
....
....
....
....
....
....
....
....
....
....
....
....
....
....
....
....
....

Votre nom s'il vous plait

....

sexe

☐ 👧 ☐ 👦 ☐Plutôt pas dire

Date de la visite :............................

Heure de la visite : ....

Durée de la visite ....
(Mins):

Au cours de votre visite,
avez-vous :

☐ Regardez votre 💩

☐ Navigation sur votre téléphone

☐ Poser le couvercle

☐ Plus de la moitié d'un rouleau de
papier utilisé

☐ Lave tes mains

poids estimé de votre 💩 :

[.........] Grams   [.........] Pounds

Vos pensées et vos sentiments

....
....
....
....
....
....
....
....
....
....
....
....
....
....
....
....
....
....
....
....
....

Votre nom s'il vous plait

....

sexe

☐ 👩 ☐ 👨 ☐ *Plutôt pas dire*

Date de la visite : ....

Heure de la visite : ....

Durée de la visite ....
(Mins):

Au cours de votre visite,
avez-vous :

☐ Regardez votre 💩

☐ *Navigation sur votre téléphone*

☐ Poser le couvercle

☐ *Plus de la moitié d'un rouleau de papier utilisé*

☐ Lave tes mains

poids estimé de votre 💩 :

[........] *Grams*   [.......] *Pounds*

Vos pensées et vos sentiments

....
....
....
....
....
....
....
....
....
....
....
....
....
....
....
....
....
....
....
....
....
....
....
....

 **Bienvenue dans ma salle de bain** 

Votre nom s'il vous plait

....

sexe

☐ 🧑‍🦰 ☐ 👦 ☐ *Plutôt pas dire*

Date de la visite :..........................

Heure de la visite : ....

Durée de la visite ....
(Mins):

Au cours de votre visite,
avez-vous :

☐ Regardez votre 💩

☐ *Navigation sur votre téléphone*

☐ Poser le couvercle

☐ *Plus de la moitié d'un rouleau de
papier utilisé*

☐ **Lave tes mains**

poids estimé de votre 💩 :

☐ .... Grams   ☐ .... Pounds

Vos pensées et vos sentiments

....
....
....
....
....
....
....
....
....
....
....
....
....
....
....
....
....
....
....
....
....
....
....
....
....
....

Votre nom s'il vous plait

....

sexe

☐ 🧑 ☐ 🧑 ☐ *Plutôt pas dire*

Date de la visite :..........................

Heure de la visite : ....

Durée de la visite ....
(Mins):

Au cours de votre visite,
avez-vous :

☐ Regardez votre 💩

☐ *Navigation sur votre téléphone*

☐ Poser le couvercle

☐ *Plus de la moitié d'un rouleau de papier utilisé*
☐ Lave tes mains

poids estimé de votre 💩 :

[..........] *Grams*   [.......] *Pounds*

Vos pensées et vos sentiments

....
....
....
....
....
....
....
....
....
....
....
....
....
....
....
....
....
....
....
....
....
....
....
....
....

Votre nom s'il vous plait

....

sexe

☐ 👩   ☐ 👦   ☐ *Plutôt pas dire*

Date de la visite : ....

Heure de la visite : ....

Durée de la visite ....
(Mins):

Au cours de votre visite,
avez-vous :

☐ *Regardez votre* 💩

☐ *Navigation sur votre téléphone*

☐ *Poser le couvercle*

☐ *Plus de la moitié d'un rouleau de*
papier utilisé

☐ **Lave tes mains**

poids estimé de votre 💩 :

☐.......... *Grams*   ☐....... *Pounds*

Vos pensées et vos sentiments

....
....
....
....
....
....
....
....
....
....
....
....
....
....
....
....
....
....
....
....
....
....
....
....
....
....
....
....

Votre nom s'il vous plait

....

sexe

□ 😊 □ 😊 □ *Plutôt pas dire*

Date de la visite :..........................

Heure de la visite : ....

Durée de la visite ....
(Mins):

Au cours de votre visite,
avez-vous :

□ Regardez votre 💩

□ *Navigation sur votre téléphone*

□ Poser le couvercle

□ *Plus de la moitié d'un rouleau de papier utilisé*

□ Lave tes mains

poids estimé de votre 💩 :

[..........] *Grams*   [.......] *Pounds*

Vos pensées et vos sentiments

....
....
....
....
....
....
....
....
....
....
....
....
....
....
....
....
....
....
....
....
....
....

 # Bienvenue dans ma salle de bain 

Votre nom s'il vous plait

....

sexe

☐ 👧   ☐ 👦   ☐ *Plutôt pas dire*

Date de la visite :........................

Heure de la visite : ....

Durée de la visite ....
(Mins):

Au cours de votre visite,
avez-vous :

☐ Regardez votre 💩

☐ *Navigation sur votre téléphone*

☐ Poser le couvercle

☐ *Plus de la moitié d'un rouleau de
papier utilisé*
☐ Lave tes mains

poids estimé de votre 💩 :

[........] *Grams*   [......] *Pounds*

Vos pensées et vos sentiments

....
....
....
....
....
....
....
....
....
....
....
....
....
....
....
....
....
....
....
....
....
....
....
....
....
....

 Bienvenue dans ma salle de bain 

Votre nom s'il vous plait

....

sexe

☐ 🧑 ☐ 👦 ☐ Plutôt pas dire

Date de la visite :....................

Heure de la visite : ....

Durée de la visite ....
(Mins):

Au cours de votre visite,
avez-vous :

☐ Regardez votre 💩

☐ Navigation sur votre téléphone

☐ Poser le couvercle

☐ Plus de la moitié d'un rouleau de
papier utilisé

☐ Lave tes mains

poids estimé de votre 💩 :

☐........ Grams   ☐....... Pounds

Vos pensées et vos sentiments

....
....
....
....
....
....
....
....
....
....
....
....
....
....
....
....
....
....
....
....
....
....
....

Votre nom s'il vous plait

....

sexe

☐ 👩 ☐ 👦 ☐ *Plutôt pas dire*

Date de la visite :...................................

Heure de la visite : ....

Durée de la visite ....
(Mins):

Au cours de votre visite,
avez-vous :

☐ *Regardez votre* 💩

☐ *Navigation sur votre téléphone*

☐ *Poser le couvercle*

☐ *Plus de la moitié d'un rouleau de*
  papier utilisé
☐ **Lave tes mains**

poids estimé de votre 💩 :

☐......... *Grams*   ☐........ *Pounds*

Vos pensées et vos sentiments

....
....
....
....
....
....
....
....
....
....
....
....
....
....
....
....
....
....
....
....
....
....
....
....

 # Bienvenue dans ma salle de bain 

Votre nom s'il vous plait

....

sexe

☐ 👧 ☐ 👦 ☐ Plutôt pas dire

Date de la visite : ....

Heure de la visite : ....

Durée de la visite ....
(Mins):

Au cours de votre visite,
avez-vous :

☐ Regardez votre 💩

☐ Navigation sur votre téléphone

☐ Poser le couvercle

☐ Plus de la moitié d'un rouleau de
papier utilisé

☐ **Lave tes mains**

poids estimé de votre 💩 :

[..........] Grams   [.......] Pounds

Vos pensées et vos sentiments

....
....
....
....
....
....
....
....
....
....
....
....
....
....
....
....
....
....
....
....
....
....

Votre nom s'il vous plait

....

sexe

☐ 👩   ☐ 👦   ☐ *Plutôt pas dire*

Date de la visite :..............................

Heure de la visite : ....

Durée de la visite ....
(Mins):

Au cours de votre visite,
avez-vous :

☐ Regardez votre 💩

☐ *Navigation sur votre téléphone*

☐ Poser le couvercle

☐ *Plus de la moitié d'un rouleau de papier utilisé*

☐ Lave tes mains

poids estimé de votre 💩 :

☐......... Grams   ☐ .... Pounds

Vos pensées et vos sentiments

....
....
....
....
....
....
....
....
....
....
....
....
....
....
....
....
....
....
....
....
....
....

 Bienvenue dans ma salle de bain 

Votre nom s'il vous plait

....

sexe

☐ 👧   ☐ 👦   ☐ *Plutôt pas dire*

Date de la visite :.........................

Heure de la visite : ....

Durée de la visite ....
(Mins):

**Au cours de votre visite,
avez-vous :**

☐ Regardez votre 💩

☐ *Navigation sur votre téléphone*

☐ Poser le couvercle

☐ *Plus de la moitié d'un rouleau de
papier utilisé*

☐ **Lave tes mains**

poids estimé de votre 💩 :

☐........ Grams   ☐....... Pounds

Vos pensées et vos sentiments

....
....
....
....
....
....
....
....
....
....
....
....
....
....
....
....
....
....
....
....
....
....
....
....

 # Bienvenue dans ma salle de bain 

Votre nom s'il vous plait

....

sexe

☐ 🙍   ☐ 🙎   ☐ *Plutôt pas dire*

Date de la visite :...........................

Heure de la visite : ....

Durée de la visite ....
(Mins):

Au cours de votre visite,
avez-vous :

☐ Regardez votre 💩

☐ *Navigation sur votre téléphone*

☐ Poser le couvercle

☐ *Plus de la moitié d'un rouleau de*
papier utilisé

☐ **Lave tes mains**

---

poids estimé de votre 💩 :

☐ .... Grams   ☐ ...... Pounds

Vos pensées et vos sentiments

....
....
....
....
....
....
....
....
....
....
....
....
....
....
....
....
....
....
....
....
....
....
....
....
....
....

 # Bienvenue dans ma salle de bain 

Votre nom s'il vous plait

....

sexe

☐ 🧑‍🦰   ☐ 👦   ☐ *Plutôt pas dire*

Date de la visite :................................

Heure de la visite : ....

Durée de la visite ....
(Mins):

Au cours de votre visite,
avez-vous :

☐ Regardez votre 💩

☐ *Navigation sur votre téléphone*

☐ Poser le couvercle

☐ *Plus de la moitié d'un rouleau de
papier utilisé*
☐ Lave tes mains

poids estimé de votre 💩 :

☐........ *Grams*   ☐....... *Pounds*

Vos pensées et vos sentiments

....
....
....
....
....
....
....
....
....
....
....
....
....
....
....
....
....
....
....
....
....
....
....
....

Bienvenue dans ma salle de bain

Votre nom s'il vous plait

....

sexe

☐ 👩   ☐ 👦   ☐ *Plutôt pas dire*

Date de la visite :..................................

Heure de la visite : ....

Durée de la visite ....
(Mins):

Au cours de votre visite,
avez-vous :

☐ Regardez votre 💩

☐ *Navigation sur votre téléphone*

☐ Poser le couvercle

☐ *Plus de la moitié d'un rouleau de papier utilisé*

☐ Lave tes mains

poids estimé de votre 💩 :

☐......... Grams   ☐...... Pounds

Vos pensées et vos sentiments

....
....
....
....
....
....
....
....
....
....
....
....
....
....
....
....
....
....
....
....
....
....
....
....
....

Votre nom s'il vous plait

....

sexe

☐ 🧑‍🦰   ☐ 👦   ☐ Plutôt pas dire

Date de la visite :............................

Heure de la visite : ....

Durée de la visite ....
(Mins):

Au cours de votre visite,
avez-vous :

☐ Regardez votre 💩

☐ Navigation sur votre téléphone

☐ Poser le couvercle

☐ Plus de la moitié d'un rouleau de
   papier utilisé

☐ Lave tes mains

poids estimé de votre 💩 :

☐....... Grams   ☐...... Pounds

Vos pensées et vos sentiments

....
....
....
....
....
....
....
....
....
....
....
....
....
....
....
....
....
....
....
....
....
....
....
....
....
....

 Bienvenue dans ma salle de bain

Votre nom s'il vous plait

....

poids estimé de votre 💩 :

[........] Grams   [.......] Pounds

sexe

Vos pensées et vos sentiments

☐ 👧   ☐ 👦   ☐ Plutôt pas dire

Date de la visite :............................

Heure de la visite : ....

Durée de la visite ....
(Mins):

Au cours de votre visite,
avez-vous :

☐ Regardez votre 💩

☐ Navigation sur votre téléphone

☐ Poser le couvercle

☐ Plus de la moitié d'un rouleau de
papier utilisé

☐ Lave tes mains

 # Bienvenue dans ma salle de bain 

Votre nom s'il vous plait

....

sexe

☐ 👩 ☐ 👦 ☐ Plutôt pas dire

Date de la visite : ....

Heure de la visite : ....

Durée de la visite ....
(Mins):

Au cours de votre visite,
avez-vous :

☐ Regardez votre 💩

☐ Navigation sur votre téléphone

☐ Poser le couvercle

☐ Plus de la moitié d'un rouleau de
papier utilisé

☐ Lave tes mains

poids estimé de votre 💩 :

[..........] Grams   [........] Pounds

Vos pensées et vos sentiments

....
....
....
....
....
....
....
....
....
....
....
....
....
....
....
....
....
....
....
....
....
....
....
....
....
....

Votre nom s'il vous plait

....

sexe

☐ 👩 ☐ 👨 ☐ Plutôt pas dire

Date de la visite :.................................

Heure de la visite : ....

Durée de la visite ....
(Mins):

Au cours de votre visite,
avez-vous :

☐ Regardez votre 💩

☐ Navigation sur votre téléphone

☐ Poser le couvercle

☐ Plus de la moitié d'un rouleau de
papier utilisé

☐ **Lave tes mains**

poids estimé de votre 💩 :

[........] Grams   [........] Pounds

Vos pensées et vos sentiments

....
....
....
....
....
....
....
....
....
....
....
....
....
....
....
....
....
....
....
....
....
....
....
....
....
....

Votre nom s'il vous plait

....

sexe

☐ 🧑 ☐ 🧑 ☐ *Plutôt pas dire*

Date de la visite :.............................

Heure de la visite : ....

Durée de la visite ....
(Mins):

Au cours de votre visite,
avez-vous :

☐ Regardez votre 💩

☐ *Navigation sur votre téléphone*

☐ Poser le couvercle

☐ *Plus de la moitié d'un rouleau de papier utilisé*
☐ Lave tes mains

poids estimé de votre 💩 :

| .... Grams | .... Pounds |

Vos pensées et vos sentiments

....
....
....
....
....
....
....
....
....
....
....
....
....
....
....
....
....
....
....
....
....
....
....
....
....

 # Bienvenue dans ma salle de bain 

Votre nom s'il vous plait

....

sexe

☐ 👩 ☐ 👦 ☐ Plutôt pas dire

Date de la visite : ....

Heure de la visite : ....

Durée de la visite ....
(Mins):

Au cours de votre visite,
avez-vous :

☐ Regardez votre 💩

☐ *Navigation sur votre téléphone*

☐ Poser le couvercle

☐ *Plus de la moitié d'un rouleau de papier utilisé*

☐ Lave tes mains

---

poids estimé de votre 💩 :

☐ .... Grams   ☐ .... Pounds

Vos pensées et vos sentiments

....
....
....
....
....
....
....
....
....
....
....
....
....
....
....
....
....
....
....
....
....
....

Votre nom s'il vous plait

....

sexe

☐ 👧   ☐ 👦   ☐ *Plutôt pas dire*

Date de la visite :........................

Heure de la visite : ....

Durée de la visite ....
(Mins):

Au cours de votre visite,
avez-vous :

☐ Regardez votre 💩

☐ *Navigation sur votre téléphone*

☐ Poser le couvercle

☐ *Plus de la moitié d'un rouleau de
papier utilisé*
☐ Lave tes mains

poids estimé de votre 💩 :

.... Grams   .... Pounds

Vos pensées et vos sentiments

....
....
....
....
....
....
....
....
....
....
....
....
....
....
....
....
....
....
....
....
....
....
....
....
....

Votre nom s'il vous plait

....

sexe

☐ 👩 ☐ 👨 ☐ Plutôt pas dire

Date de la visite :........................

Heure de la visite : ....

Durée de la visite ....
(Mins):

Au cours de votre visite,
avez-vous :

☐ Regardez votre 💩

☐ Navigation sur votre téléphone

☐ Poser le couvercle

☐ Plus de la moitié d'un rouleau de
papier utilisé

☐ Lave tes mains

poids estimé de votre  :

☐........ Grams   ☐........ Pounds

Vos pensées et vos sentiments

Votre nom s'il vous plait

....

sexe

☐ 👧 ☐ 👦 ☐ Plutôt pas dire

Date de la visite :...........................

Heure de la visite : ....

Durée de la visite ....
(Mins):

Au cours de votre visite,
avez-vous :

☐ Regardez votre 💩

☐ Navigation sur votre téléphone

☐ Poser le couvercle

☐ Plus de la moitié d'un rouleau de
   papier utilisé

☐ Lave tes mains

poids estimé de votre 💩 :

☐........ Grams   ☐...... Pounds

Vos pensées et vos sentiments

....
....
....
....
....
....
....
....
....
....
....
....
....
....
....
....
....
....
....
....
....
....
....

Votre nom s'il vous plait

....

sexe

☐ 👩 ☐ 👨 ☐ Plutôt pas dire

Date de la visite :..............................

Heure de la visite : ....

Durée de la visite ....
(Mins):

Au cours de votre visite,
avez-vous :

☐ Regardez votre 💩

☐ Navigation sur votre téléphone

☐ Poser le couvercle

☐ Plus de la moitié d'un rouleau de
   papier utilisé

☐ **Lave tes mains**

poids estimé de votre 💩 :

☐........ Grams   ☐....... Pounds

Vos pensées et vos sentiments

....
....
....
....
....
....
....
....
....
....
....
....
....
....
....
....
....
....
....
....
....
....
....
....
....
....

 ## Bienvenue dans ma salle de bain 

Votre nom s'il vous plait

....

sexe

☐ 🧑‍🦰 ☐ 🧑 ☐ *Plutôt pas dire*

Date de la visite :..........................

Heure de la visite : ....

Durée de la visite ....
(Mins):

Au cours de votre visite,
avez-vous :

☐ Regardez votre 💩

☐ *Navigation sur votre téléphone*

☐ Poser le couvercle

☐ *Plus de la moitié d'un rouleau de
papier utilisé*

☐ Lave tes mains

poids estimé de votre 💩 :

[........] Grams   [.......] Pounds

Vos pensées et vos sentiments

....
....
....
....
....
....
....
....
....
....
....
....
....
....
....
....
....
....
....
....
....
....

Votre nom s'il vous plait

....

sexe

☐ 👧 ☐ 👦 ☐ *Plutôt pas dire*

Date de la visite :...........................

Heure de la visite : ....

Durée de la visite ....
(Mins):

Au cours de votre visite,
avez-vous :

☐ Regardez votre 💩

☐ *Navigation sur votre téléphone*

☐ Poser le couvercle

☐ *Plus de la moitié d'un rouleau de papier utilisé*

☐ Lave tes mains

poids estimé de votre 💩 :

☐......... Grams   ☐...... Pounds

Vos pensées et vos sentiments

....
....
....
....
....
....
....
....
....
....
....
....
....
....
....
....
....
....
....
....
....
....
....
....
....
....
....

 # Bienvenue dans ma salle de bain 

Votre nom s'il vous plait

....

sexe

☐ 👩   ☐ 👦   ☐ Plutôt pas dire

Date de la visite :................................

Heure de la visite : ....

Durée de la visite ....
(Mins):

Au cours de votre visite,
avez-vous :

☐ Regardez votre 💩

☐ Navigation sur votre téléphone

☐ Poser le couvercle

☐ Plus de la moitié d'un rouleau de
   papier utilisé

☐ Lave tes mains

poids estimé de votre 💩 :

| .... | Grams | | .... | Pounds |

Vos pensées et vos sentiments

....
....
....
....
....
....
....
....
....
....
....
....
....
....
....
....
....
....
....
....
....
....

Bienvenue dans ma salle de bain

Votre nom s'il vous plait

....

poids estimé de votre  :

| .... | Grams | .... | Pounds |

sexe

☐ 👧   ☐ 👦   ☐ Plutôt pas dire

Vos pensées et vos sentiments

Date de la visite : ....

Heure de la visite : ....

Durée de la visite ....
(Mins):

Au cours de votre visite,
avez-vous :

☐ Regardez votre 💩

☐ Navigation sur votre téléphone

☐ Poser le couvercle

☐ Plus de la moitié d'un rouleau de
papier utilisé

☐ Lave tes mains

<table>
<tr><td colspan="2" align="center"> ## Bienvenue dans ma salle de bain </td></tr>
<tr>
<td>

Votre nom s'il vous plait

....

sexe

☐ 😀 ☐ 😊 ☐Plutôt pas dire

</td>
<td>

poids estimé de votre 💩 :

┌········┐ Grams   ┌······┐ Pounds

Vos pensées et vos sentiments

</td>
</tr>
<tr>
<td>

Date de la visite :................................

Heure de la visite : ....

Durée de la visite ....
(Mins):

</td>
<td></td>
</tr>
<tr>
<td>

Au cours de votre visite,
avez-vous :

☐ Regardez votre 💩

☐ Navigation sur votre téléphone

☐ Poser le couvercle

☐ Plus de la moitié d'un rouleau de
   papier utilisé

☐ Lave tes mains

</td>
<td></td>
</tr>
</table>

 *Bienvenue dans ma salle de bain* 

Votre nom s'il vous plait

....

sexe

☐ 👧   ☐ 👦   ☐ Plutôt pas dire

Date de la visite : ....

Heure de la visite : ....

Durée de la visite ....
(Mins):

Au cours de votre visite,
avez-vous :

☐ Regardez votre 💩

☐ Navigation sur votre téléphone

☐ Poser le couvercle

☐ Plus de la moitié d'un rouleau de
papier utilisé

☐ Lave tes mains

poids estimé de votre 💩 :

☐ .... Grams   ☐ .... Pounds

Vos pensées et vos sentiments

....
....
....
....
....
....
....
....
....
....
....
....
....
....
....
....
....
....
....
....
....
....

Votre nom s'il vous plait

....

sexe

☐ 👩   ☐ 👦   ☐ *Plutôt pas dire*

Date de la visite :.................

Heure de la visite : ....

Durée de la visite ....
(Mins):

Au cours de votre visite,
avez-vous :

☐ Regardez votre 💩

☐ *Navigation sur votre téléphone*

☐ Poser le couvercle

☐ *Plus de la moitié d'un rouleau de
   papier utilisé*
☐ **Lave tes mains**

poids estimé de votre 💩 :

[........] Grams   [......] Pounds

Vos pensées et vos sentiments

....
....
....
....
....
....
....
....
....
....
....
....
....
....
....
....
....
....
....
....
....
....
....
....

Votre nom s'il vous plait

....

sexe

☐ 👩 ☐ 👦 ☐ *Plutôt pas dire*

Date de la visite :..

Heure de la visite : ....

Durée de la visite ....
(Mins):

Au cours de votre visite,
avez-vous :

☐ *Regardez votre* 💩

☐ *Navigation sur votre téléphone*

☐ *Poser le couvercle*

☐ *Plus de la moitié d'un rouleau de*
   papier utilisé
☐ *Lave tes mains*

poids estimé de votre 💩 *:*

☐ .... Grams   ☐ ...... Pounds

Vos pensées et vos sentiments

....
....
....
....
....
....
....
....
....
....
....
....
....
....
....
....
....
....
....
....
....
....
....
....

 ## Bienvenue dans ma salle de bain 

Votre nom s'il vous plait

....

sexe

☐ 👧 ☐ 👦 ☐ Plutôt pas dire

Date de la visite : ....

Heure de la visite : ....

Durée de la visite ....
(Mins):

Au cours de votre visite,
avez-vous :

☐ Regardez votre 💩

☐ Navigation sur votre téléphone

☐ Poser le couvercle

☐ Plus de la moitié d'un rouleau de
papier utilisé

☐ **Lave tes mains**

poids estimé de votre 💩 :

☐........☐ Grams   ☐.......☐ Pounds

Vos pensées et vos sentiments

....
....
....
....
....
....
....
....
....
....
....
....
....
....
....
....
....
....
....
....
....
....
....

 Bienvenue dans ma salle de bain 

Votre nom s'il vous plait

....

sexe

☐ 👩   ☐ 👦   ☐ Plutôt pas dire

Date de la visite : ....

Heure de la visite : ....

Durée de la visite ....
(Mins):

Au cours de votre visite,
avez-vous :

☐ Regardez votre 💩

☐ Navigation sur votre téléphone

☐ Poser le couvercle

☐ Plus de la moitié d'un rouleau de
   papier utilisé
☐ Lave tes mains

poids estimé de votre 💩:

[......] Grams   [......] Pounds

Vos pensées et vos sentiments

....
....
....
....
....
....
....
....
....
....
....
....
....
....
....
....
....
....
....
....
....
....
....
....
....
....

Votre nom s'il vous plait

....

sexe

☐ 👩 ☐ 👦 ☐ *Plutôt pas dire*

Date de la visite :................

Heure de la visite : ....

Durée de la visite ....
(Mins):

Au cours de votre visite,
avez-vous :

☐ Regardez votre 💩

☐ *Navigation sur votre téléphone*

☐ Poser le couvercle

☐ *Plus de la moitié d'un rouleau de
papier utilisé*

☐ Lave tes mains

poids estimé de votre 💩 :

☐ .... *Grams*   ☐ .... *Pounds*

Vos pensées et vos sentiments

....
....
....
....
....
....
....
....
....
....
....
....
....
....
....
....
....
....
....
....
....

 # Bienvenue dans ma salle de bain 

Votre nom s'il vous plait

....

sexe

☐ 👧   ☐ 👦   ☐ *Plutôt pas dire*

Date de la visite : ....

Heure de la visite : ....

Durée de la visite ....
(Mins):

Au cours de votre visite,
avez-vous :

☐ *Regardez votre* 💩

☐ *Navigation sur votre téléphone*

☐ *Poser le couvercle*

☐ *Plus de la moitié d'un rouleau de*
  papier utilisé
☐ **Lave tes mains**

poids estimé de votre 💩 :

☐ .... *Grams*   ☐ ...... *Pounds*

Vos pensées et vos sentiments

....
....
....
....
....
....
....
....
....
....
....
....
....
....
....
....
....
....
....
....
....
....
....
....
....

Votre nom s'il vous plait

....

sexe

☐ 👧 ☐ 👦 ☐ *Plutôt pas dire*

Date de la visite :..............................

Heure de la visite : ....

Durée de la visite ....
(Mins):

Au cours de votre visite,
avez-vous :

☐ *Regardez votre* 💩

☐ *Navigation sur votre téléphone*

☐ *Poser le couvercle*

☐ *Plus de la moitié d'un rouleau de*
papier utilisé

☐ **Lave tes mains**

poids estimé de votre 💩 *:*

[........] *Grams*   [.......] *Pounds*

Vos pensées et vos sentiments

....
....
....
....
....
....
....
....
....
....
....
....
....
....
....
....
....
....
....
....
....
....
....

Bienvenue dans ma salle de bain

Votre nom s'il vous plait

....

sexe

☐ 👩   ☐ 👦   ☐ Plutôt pas dire

Date de la visite :..................................

Heure de la visite : ....

Durée de la visite ....
(Mins):

Au cours de votre visite,
avez-vous :

☐ Regardez votre 💩

☐ Navigation sur votre téléphone

☐ Poser le couvercle

☐ Plus de la moitié d'un rouleau de
papier utilisé

☐ Lave tes mains

poids estimé de votre 💩 :

[........] Grams   [......] Pounds

Vos pensées et vos sentiments

....
....
....
....
....
....
....
....
....
....
....
....
....
....
....
....
....
....
....
....
....
....
....
....

Votre nom s'il vous plait

....

sexe

☐ 🧑‍🦰 ☐ 🧑 ☐ Plutôt pas dire

Date de la visite :................................

Heure de la visite : ....

Durée de la visite ....
(Mins):

Au cours de votre visite,
avez-vous :

☐ Regardez votre 💩

☐ Navigation sur votre téléphone

☐ Poser le couvercle

☐ Plus de la moitié d'un rouleau de
papier utilisé

☐ Lave tes mains

poids estimé de votre 💩 :

.... Grams   .... Pounds

Vos pensées et vos sentiments

....
....
....
....
....
....
....
....
....
....
....
....
....
....
....
....
....
....
....
....
....
....
....
....

Votre nom s'il vous plait

....

sexe

☐ 👩 ☐ 👦 ☐ Plutôt pas dire

Date de la visite :..............................

Heure de la visite : ....

Durée de la visite ....
(Mins):

Au cours de votre visite,
avez-vous :

☐ Regardez votre 💩

☐ Navigation sur votre téléphone

☐ Poser le couvercle

☐ Plus de la moitié d'un rouleau de
   papier utilisé

☐ Lave tes mains

poids estimé de votre 💩 :

☐ .... Grams   ☐ .... Pounds

Vos pensées et vos sentiments

....
....
....
....
....
....
....
....
....
....
....
....
....
....
....
....
....
....
....
....
....
....

 # Bienvenue dans ma salle de bain 

Votre nom s'il vous plait

....

sexe

☐ 👧   ☐ 👦   ☐ Plutôt pas dire

Date de la visite :......................

Heure de la visite : ....

Durée de la visite ....
(Mins):

Au cours de votre visite,
avez-vous :

☐ Regardez votre 💩

☐ Navigation sur votre téléphone

☐ Poser le couvercle

☐ Plus de la moitié d'un rouleau de
papier utilisé

☐ Lave tes mains

poids estimé de votre 💩 :

[......... Grams]   [....... Pounds]

Vos pensées et vos sentiments

....
....
....
....
....
....
....
....
....
....
....
....
....
....
....
....
....
....
....
....
....
....
....

 # Bienvenue dans ma salle de bain 

Votre nom s'il vous plait

....

sexe

☐ 👧   ☐ 👦   ☐ *Plutôt pas dire*

Date de la visite :...............................

Heure de la visite : ....

Durée de la visite ....
(Mins):

Au cours de votre visite,
avez-vous :

☐ Regardez votre 💩

☐ *Navigation sur votre téléphone*

☐ Poser le couvercle

☐ *Plus de la moitié d'un rouleau de
papier utilisé*

☐ Lave tes mains

poids estimé de votre 💩 :

☐ .... Grams   ☐ .... Pounds

Vos pensées et vos sentiments

Votre nom s'il vous plait

....

sexe

☐ 👧   ☐ 👦   ☐ Plutôt pas dire

Date de la visite :...........................

Heure de la visite : ....

Durée de la visite ....
(Mins):

Au cours de votre visite,
avez-vous :

☐ Regardez votre 💩

☐ Navigation sur votre téléphone

☐ Poser le couvercle

☐ Plus de la moitié d'un rouleau de
papier utilisé

☐ Lave tes mains

poids estimé de votre 💩 :

[........] Grams   [......] Pounds

Vos pensées et vos sentiments

....
....
....
....
....
....
....
....
....
....
....
....
....
....
....
....
....
....
....
....
....
....
....

 # Bienvenue dans ma salle de bain 

Votre nom s'il vous plait

....

sexe

☐ 👩   ☐ 👦   ☐ *Plutôt pas dire*

Date de la visite :..

Heure de la visite : ....

Durée de la visite ....
(Mins):

Au cours de votre visite,
avez-vous :

☐ Regardez votre 💩

☐ *Navigation sur votre téléphone*

☐ Poser le couvercle

☐ *Plus de la moitié d'un rouleau de papier utilisé*

☐ Lave tes mains

poids estimé de votre 💩 :

| .... Grams | .... Pounds |

Vos pensées et vos sentiments

....
....
....
....
....
....
....
....
....
....
....
....
....
....
....
....
....
....
....
....
....
....
....

Votre nom s'il vous plait

....

sexe

☐ 👩 ☐ 👦 ☐ Plutôt pas dire

Date de la visite :....................................

Heure de la visite : ....

Durée de la visite ....
(Mins):

Au cours de votre visite,
avez-vous :

☐ Regardez votre 💩

☐ Navigation sur votre téléphone

☐ Poser le couvercle

☐ Plus de la moitié d'un rouleau de
papier utilisé

☐ Lave tes mains

poids estimé de votre 💩 :

[......] Grams   [......] Pounds

Vos pensées et vos sentiments

....
....
....
....
....
....
....
....
....
....
....
....
....
....
....
....
....
....
....
....
....
....
....
....

 # Bienvenue dans ma salle de bain 

Votre nom s'il vous plait

....

sexe

☐ 👩   ☐ 👨   ☐ *Plutôt pas dire*

Date de la visite :................................

Heure de la visite : ....

Durée de la visite ....
(Mins):

Au cours de votre visite,
avez-vous :

☐ Regardez votre 💩

☐ *Navigation sur votre téléphone*

☐ Poser le couvercle

☐ *Plus de la moitié d'un rouleau de
papier utilisé*

☐ Lave tes mains

poids estimé de votre 💩 :

| .... Grams | .... Pounds |

Vos pensées et vos sentiments

....
....
....
....
....
....
....
....
....
....
....
....
....
....
....
....
....
....
....
....
....
....
....
....
....
....

Bienvenue dans ma salle de bain

Votre nom s'il vous plait

....

sexe

☐ 👩 ☐ 👦 ☐*Plutôt pas dire*

poids estimé de votre 💩 :

| .... | *Grams* | .... | *Pounds* |

Date de la visite :..............................

Heure de la visite : ....

Durée de la visite ....
(Mins):

Au cours de votre visite,
avez-vous :

☐ Regardez votre 💩

☐ *Navigation sur votre téléphone*

☐ Poser le couvercle

☐ *Plus de la moitié d'un rouleau de papier utilisé*

☐ Lave tes mains

Vos pensées et vos sentiments

....
....
....
....
....
....
....
....
....
....
....
....
....
....
....
....
....
....
....
....
....

 Bienvenue dans ma salle de bain 

Votre nom s'il vous plait

....

sexe

☐ 👧   ☐ 👦   ☐ Plutôt pas dire

Date de la visite : ....

Heure de la visite : ....

Durée de la visite ....
(Mins):

Au cours de votre visite,
avez-vous :

☐ Regardez votre 💩

☐ Navigation sur votre téléphone

☐ Poser le couvercle

☐ Plus de la moitié d'un rouleau de
papier utilisé

☐ Lave tes mains

poids estimé de votre 💩:

☐ .... Grams   ☐ .... Pounds

Vos pensées et vos sentiments

....
....
....
....
....
....
....
....
....
....
....
....
....
....
....
....
....
....
....
....
....
....
....
....
....
....

 Bienvenue dans ma salle de bain 

Votre nom s'il vous plait

....

sexe

poids estimé de votre 💩 :

[..........] Grams   [.......] Pounds

☐ 👩   ☐ 👨   ☐ Plutôt pas dire

Vos pensées et vos sentiments

Date de la visite :................

Heure de la visite : ....

Durée de la visite ....
(Mins):

Au cours de votre visite,
avez-vous :

☐ Regardez votre 💩

☐ Navigation sur votre téléphone

☐ Poser le couvercle

☐ Plus de la moitié d'un rouleau de
papier utilisé

☐ Lave tes mains

 # Bienvenue dans ma salle de bain 

Votre nom s'il vous plait

....

sexe

☐ 👩   ☐ 👦   ☐ *Plutôt pas dire*

Date de la visite : ....

Heure de la visite : ....

Durée de la visite ....
(Mins):

Au cours de votre visite,
avez-vous :

☐ Regardez votre 💩

☐ *Navigation sur votre téléphone*

☐ Poser le couvercle

☐ *Plus de la moitié d'un rouleau de
papier utilisé*

☐ Lave tes mains

poids estimé de votre 💩 :

☐........ Grams   ☐...... Pounds

Vos pensées et vos sentiments

....
....
....
....
....
....
....
....
....
....
....
....
....
....
....
....
....
....
....
....
....
....
....

Votre nom s'il vous plait

....

sexe

☐ 👧 ☐ 👦 ☐ Plutôt pas dire

Date de la visite : ....

Heure de la visite : ....

Durée de la visite ....
(Mins):

Au cours de votre visite,
avez-vous :

☐ Regardez votre 💩

☐ Navigation sur votre téléphone

☐ Poser le couvercle

☐ Plus de la moitié d'un rouleau de
papier utilisé

☐ Lave tes mains

poids estimé de votre 💩 :

┌────────┐ Grams   ┌────────┐ Pounds
│........ │   │....... │
└────────┘   └────────┘

Vos pensées et vos sentiments

....
....
....
....
....
....
....
....
....
....
....
....
....
....
....
....
....
....
....
....
....
....
....
....
....
....

Bienvenue dans ma salle de bain

Votre nom s'il vous plait

....

sexe

☐ 👧   ☐ 👦   ☐ *Plutôt pas dire*

Date de la visite :....................................

Heure de la visite : ....

Durée de la visite ....
(Mins):

Au cours de votre visite,
avez-vous :

☐ Regardez votre 💩

☐ *Navigation sur votre téléphone*

☐ Poser le couvercle

☐ *Plus de la moitié d'un rouleau de papier utilisé*

☐ Lave tes mains

poids estimé de votre 💩 :

[.........] *Grams*   [........] *Pounds*

Vos pensées et vos sentiments

....
....
....
....
....
....
....
....
....
....
....
....
....
....
....
....
....
....
....
....
....

<table>
<tr><td></td><td><h2>Bienvenue dans ma salle de bain</h2></td><td></td></tr>
</table>

Votre nom s'il vous plait

....

sexe

☐ 👩   ☐ 👨   ☐ *Plutôt pas dire*

Date de la visite :.........................

Heure de la visite : ....

Durée de la visite ....
(Mins):

Au cours de votre visite,
avez-vous :

☐ Regardez votre 💩

☐ *Navigation sur votre téléphone*

☐ Poser le couvercle

☐ *Plus de la moitié d'un rouleau de
papier utilisé*
☐ Lave tes mains

poids estimé de votre 💩 :

[.........] Grams   [.......] Pounds

Vos pensées et vos sentiments

Votre nom s'il vous plait

....

sexe

☐ 👩   ☐ 👦   ☐ *Plutôt pas dire*

Date de la visite :..........................

Heure de la visite : ....

Durée de la visite ....
(Mins):

Au cours de votre visite,
avez-vous :

☐ *Regardez votre* 💩

☐ *Navigation sur votre téléphone*

☐ *Poser le couvercle*

☐ *Plus de la moitié d'un rouleau de*
papier utilisé
☐ *Lave tes mains*

poids estimé de votre 💩 :

☐......... *Grams*   ☐......... *Pounds*

Vos pensées et vos sentiments

....
....
....
....
....
....
....
....
....
....
....
....
....
....
....
....
....
....
....
....
....